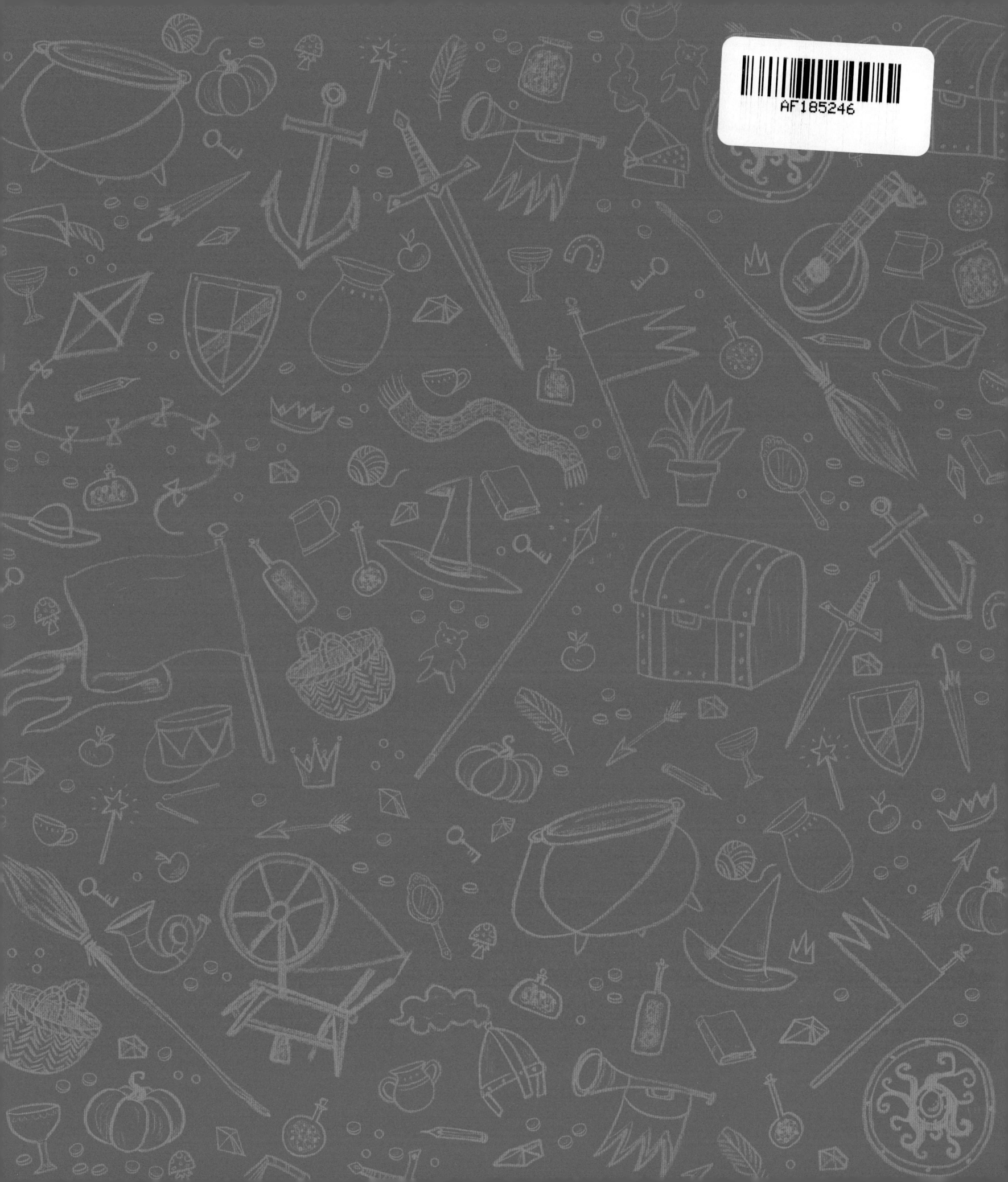

AF185246

NICOLA KINNEAR

MEINS! DRACHEN TEILEN NICHT

Verlag Friedrich Oetinger

Hamburg

Es war einmal ein sehr kleines Drachenmädchen
namens Ruby. Sie lebte hoch oben auf einem
einsamen Berg und besaß einen riesigen Schatz,
den sie mit niemandem teilen wollte.

Du denkst jetzt vielleicht: Wie gemein!
Aber Ruby befolgte nur die Regeln in ihrem
Drachen-Handbuch – wie jeder gute Drache.

Regel Nummer eins:

Drachen müssen
SCHRECKLICH
furchterregend sein.

Das konnte Ruby sehr gut.

Sie konnte einer Gans so große Angst
einjagen, dass ihr vor Schreck die
Federn ausfielen.

Regel Nummer zwei:

Drachen müssen
VIELE Schätze stehlen.

Auch das konnte Ruby gut.
Die Krone des Froschkönigs
stibitzte sie im Handumdrehen,
ohne hinzusehen.

Regel Nummer drei:

Drachen dürfen ihre Schätze
mit NIEMANDEM teilen!

Das konnte Ruby ganz besonders
gut. Niemand traute sich auch
nur in die Nähe ihrer Höhle.

Aber das Drachenleben war
sehr anstrengend
und einsam.

Den ganzen Tag lang musste sie Schätze stehlen ...
... und sie die ganze Nacht lang bewachen.

Ruby war sehr müde.

Eines Tages war Ruby fast zu schläfrig,
um auf Raubzug zu gehen. Doch dann
bemerkte sie ein goldenes Glitzern.
Pegasus, das geflügelte Pferd, hatte einen
Korb goldener Äpfel gepflückt.

Den musste Ruby unbedingt haben!

WUSCH!
Sie stieß herab, schnappte sich den Korb und war mit einem Flügelschlag wieder weg. Ihr fiel nicht einmal auf, wie ihr das Handbuch aus den Krallen glitt.

Am nächsten Morgen griff Ruby
nach ihrem Drachen-Handbuch –
aber es war weg. Ihr Herz
pochte wie wild.

Drachen sind sehr vergesslich, und
ohne ihr Buch konnte sie sich an
keine der Regeln erinnern.

Sie suchte hier oben ...

und hier drunter ...

und sogar hier drin.
Aber es war unauffindbar.

Ruby fing an zu weinen.

Sie wollte doch einfach nur ein guter Drache sein – und jetzt wusste sie nicht mehr, wie!

Wenn das Buch nicht in ihrer
Höhle war, lag es vielleicht
draußen? Sie würde überall
im Land so lange suchen,
bis sie es wiederfand!

Im Fliegen weinte Ruby
eine riesige Flut großer
Drachentränen.
Tief unter ihr fragten sich
die Gans, Pegasus und der
Froschkönig, woher dieser neue
Fluss gekommen war.

»So einen Regen habe ich noch nie erlebt!«,
wunderte sich die Gans.
»Meine Flügel werden nass«, jammerte
Pegasus.
»Das ist kein Regen«, sagte der Froschkönig.
»Das sind Drachentränen!«

Als der Fluss immer weiter anstieg,
trieb etwas auf sie zu.

»Das Drachen-Handbuch!«, rief der Froschkönig.
»Das ist es bestimmt, wonach sie sucht.«

»Das sind ja fürchterliche Regeln!«,
empörte sich Pegasus.
»Diebstahl?
Anderen Angst einjagen?
Das können wir ihr nicht
zurückgeben.«

»Aber das müssen wir«,
wandte die Gans ein.
»Es gehört uns nicht.«

Während sie überlegten, was sie tun sollten, regneten Rubys Tränen herab ... und wuschen die Tinte von den Seiten. Die Drachenregeln waren weg!

Das brachte die Gans auf eine Idee.

Am Nachmittag segelten die drei Freunde
mit dem Boot zu Rubys Höhle. Rubys Tränen
strömten den Berg hinunter, so wussten die
Freunde gleich, dass sie zu Hause war.

Sie hievten das schwere Buch
bis ganz nach oben.

Dann tauschten
sie einen nervösen Blick,
und die Gans rief vorsichtig: »Hallo!«

Ruby antwortete genau so,
wie sie es erwartet hatten.

»Das ist aber nicht sehr nett«, sagte Pegasus. »Willst du dein Buch denn nicht zurückhaben?«

»Mein Buch!«, schrie Ruby und drückte es fest an sich.

Aber als sie es aufschlug,
waren die Seiten leer.

**»Meine Regeln!
Sie sind alle weg!«**

Bevor sie wieder zu weinen anfing, schlug die Gans vor:
»Schreib doch einfach neue Regeln. Wir könnten dir helfen.«
»Neue Regeln?«, fragte Ruby. »Sind die dann genauso
gut wie die alten?«
»Sogar noch besser«, versicherte ihr Pegasus.

Da lud Ruby die drei zu sich
in die Höhle ein …

... und sie ließen sich gemeinsam neue Regeln einfallen. Ruby schrieb sie sorgfältig in ihr Buch.

Von dem Tag an befolgte Ruby die neuen Regeln in ihrem Drachen-Handbuch.

Sie war zu allen freundlich.

Willkommen!

Sie teilte alle
ihre Schätze.

Und - das war
am allerbesten ...

... sie spielte mit ihren neuen Freunden -
wie jeder gute Drache!

Danke, Connah

3. Auflage
© 2021 Verlag Friedrich Oetinger GmbH, Max-Brauer-Allee 34, 22765 Hamburg
Alle Rechte für die deutschsprachige Ausgabe vorbehalten
© Text und Illustrationen: Nicola Kinnear, 2021
Die englische Originalausgabe erschien bei Alison Green Books, einem Imprint
von Scholastic Ltd., London, unter dem Titel „Dragons Don't Share"
© Übersetzung: Ann Lecker, 2021
Printed 2023
ISBN 978-3-7512-0105-6

www.oetinger.de